AF209279

Surullinen rakkaus

© Jani Niemelä

Kustantaja: BoD - Books on Demand,
Helsinki, Suomi
Valmistaja: BoD - Books on Demand,
Norderstedt, Saksa
ISBN: 978-952-339-402-5

hapeton

...kuinka paljon
rakastimmekaan
toisiamme
ennen

sitten katosi valo
ja halu
auttaa toista

omat ikonit
ikkunoissamme
ja toteemit
joita palvoa

...itsekkyys...

miksi en hoivannut sinua
mikset minua

omia ajateltiin
tehtiin

elämä tänään oli murhe
huominen eletty ja
"six feet down below..."

kuin veteen piirretty
viiva
olisi tullut väliimme,
rajaksi
fyysinen laite
erottaja

olen itkenyt paljon
lähtöni jälkeen
tänään en itkenyt
huomenna en tiedä
onko mitään

maailmalla soditaan
on puute vedestä
uutisinformaatiotulvaähky

toisinaan pelkään että

5

kuolen ja sitten olisin
kuollut enkä voisi enää
uneksia paluustani
(anteeksi)

loppu tarkoittaa meissä
tietyn aikakauden
päättymistä
päättyminen
kuin
kuolemaa

tiedän,
elämä odottaa hauraana
jossain...

       ...mutta missä?

kuitenkin rikkoisin sen
"kuten aina
ennenkin", sanoisit

ja rikottua elämää
ei tämä hauras
ihminen enää kestäisi
...siksi elämättä

itsetunto käy aika ajoin
alhaalla
maanisvaiheen tullakseen
uudelleen

...viinilasini on
    täynnä...

sinusta yhä humaltuneena,
siksi:
avasin (taas) uuden
pullon jotta voisin
selvetä, kuolla, taikka
tulla
hulluksi, minuksi?

tehdyistä ja
tekemättömistä huolimatta
olet olevainen olento
minulle,
...aina... yhä... ystävä?

jos nainen ja mies
rakastavat toisiaan
kuten me rakastimme,
aikanamme
se on kukkiva omenapuu
ja hedelmänsä makeita

tässä meidän "tapauksessa"
kypsyvät ja kypsätkin
hedelmät
sattuivat mätänemään
ennen sadonkorjuuta,
luulen, oletan, tiedän,
tiedän, tiedät,
...tiedämme me

meillä jos oli kiire
hukuttautua toistemme
menneisyyteen
niin oli meillä myös kiire
rakastaa
kahden välinen funktio
tässä kääntyi paradoksiksi

        ...viinilasini on
        puoliksi täynnä...

emmekö tosiaan
aavistaneet sen tuloa?
osanneet estimoida
rakkauden
kvalitatiivista ehtymistä,
loppumista,

se tarkoittaa tässä kuin
kuolemaa
selitysaste on sata ja
etumerkki negatiivinen
piirrän siitä
regressiokäyrän
ja esitän ulos ehyttä

"selitä se itsellesi",
sanoisit...

kirottua on...
tämä tuska ja
realismin täysi
karuus

rakkautemme ei kait
ikinä
koskaan
milloinkaan

huomennakaan
oikeaa, todellista

...itsekkyys...

...välillämme...

...tarjoilija!

...kaatakaa lasiini
lisää viiniä...

lapsuutemme taakat
painavina
hartioitamme
vaivasivat

kaapeista ja mattojen alta
luurangot
syksyisin hyökyivät
sanoiksi puettuina
jotka olivat
vääriä ja
väärille ihmisille
suunnattuja,
lauseet täynnä
kielioppivirheitä

"preesens:

tiedän sinun olevan
pahoillasi tapahtuneeseen
vaikuttaneista
rajoittamisista
olen minäkin
nyt

imperfekti:

päällä oleva tilanne
on hetki
ajassa jota eletään
rationalismi on sana
kirjassa ja sitä
eivät hauraat
ihmiset tunnista, omista"

on helppoa tappaa
rakkaus kun
on kuollut

joka ikinen
epäluulonpisara
käännetään virtaamaan
vastavirtaperiaatteella
takaisin
paitsi kovemmalla
paineella

eikä näille pisaroille
olisi edes
välttämättä katetta

katteetta
niiden voisi antaa pudota
maahan asti

...miksi tämä viinilasini
   ei pidä täyttä? ...

on helppoa vannoa
kostoa ja
tekevänsä itsemurhan,
aamulla kun ei uskalla
edes muistaa edellisillan
ajatuksiaan

niin kiero mieli
ihmisen, puolimielisen
viha-aikamatkalaisen

...haavoittuvuus...

emme olleet
haavoittumattomia
niistä lukuisista
yhteenotoista ja
jälkeisistä
palautetilaisuuksista
huolimatta

osasimme aika hyvin
viiltää
sanamiekoilla
haavat olivat syviä
haavoja

ovat yhä

ja vuotavia ja kipeitä ja
turhia ja pelottavia ja
anteeksiantamattomia ja
anteeksiannettavia ja
ymmärrettäviä ja
ymmärtämättömiä

mahdottomia
selittää
tulkita

...arpeutuvuus...

haavamme eivät kait
arpeudu ikinä, koskaan,
voinko siis päätellä
olevan
elämää
yhteistä kahden välistä
meidän ja vihaista?
...en... (puolituttuus
jää)

onko arpeutumaton
haava iäti auki
vai voiko se
parantua kasvattamalla
kudosta pohjalta
ylöspäin
jolloin tämä kaikki
tarkoittaisi
että voisimme
edelleen rakastaa
toisiamme
tai oppia oikeasti
rakastamaan

...anteeksi
ei tietenkään...

rakkaus jos loppuu
niin loppuu kaikki
        ei enää katsella
aamuauringon
ensisäteiden lankeamista
merenrannan hiekka-
aaltoihin
        ei enää tunneta
ensikosketuksen
laukeamista
syvälle sisimpiimme
ei,
enää koskaan me
kaksi kahdestaan
rakastavaisten
        silmin
heijastaen
täyttä sädettä sinne
minne emme
enää voi nähdä
sitä kun ei ole...

...lasin pohja näkyy,
saatan selvetä...

yksinäisyyden pelko
on tässä surullisen
rakkauden jälkitila,

...jossa... :

itsetunto makaa kuolleena
nurmikolla krapulassa eikä
sen suonissa virtaa elämää
joka antaisi viitteitä
vedestä
soluissa mitkä eivät olisi
kuivuneet kuten huuleni
kiinni
tähän viinilasiin joka ei
pidä nestettä joten siihen
on kaadettava lisää
selviämisen tähden ja sen
nähden mitä ei olisi ollut
syytä nähdä että olimme
pettäneet toisiamme
toisten ihmisten kanssa
olleet yhden niistä
sisällä luovuttaen tälle
dna-todistusaineistoa ja
yhden antaneet tulla
toisen
meistä sisään ottaen
vastaan yhden luovuttamaa
ensikosketusta

petturuuden hinta tässä on
meidän erottaminen mikä
edelleen johtaa
tyhjälle katsomolle
esitettävään näytelmään,

jossa itsetunto makaa
kuolleena nurmikolla
krapulassa
eikä meitä
enää ole!
eikä tule!

rakkauden autopsia

milloin
rakkautemme
sinua, minua
kohtaan katosi?

katosiko se,
rakas
silloin kun
avasimme
yksityisyytemme verhot
paljastaen
paljaat minuutemme
alastomat mielemme
turhimmatkin unelmamme

...verhot,
joiden takana
pienet pirulaiset
takovat rautojaan
likaisten lihojen
ja
lihaisten likojen
leikkauksiin
uusien vihojen
selkkauksiin?

aina olisi pitänyt
rakastaa ääneen

toistolla ikään
kuin vahvistaa
tunteitaan, toiselle

kyllä minä ymmärrän
näkemyksesi
ja tänään pystyn
hyväksymäänkin
mutta,
minä rakastin välillä
hiljaa
se oli tarve,

tarve, ettei
rakkautemme rutinoituisi
sitä sinä et voinut
ikinä koskaan
ymmärtää, hyväksyä

hyväksyisitkö tänään
rakas,
jos tietäisit tunteitteni
voimasta silloin kun
kaksi taakse edellisen
kappaleen oli
preesens yhteisessä
elämässämme?

...harmoninen
melodia...

sointukulkua
jossa nuotit kulkevat
määrättyä järjestystä

onko elämä
ennalta määrätty
järjestys?

kakofonia, sinfoniaa
riitelevien
korville

kahden säveltämä
klassinen helmi
tunnelmapala,
aggressiivinen, vihainen!

riitasoinnuin
muutoskirjoitin
sävellystämme
harmoninen melodia
oli vinoutettava

tilalle raskassäröisiä
sointuja, epävireisiä

matala C,
vielä matalampi A
transponoin elämämme
vaikka vituiksi!

ja taas saan pyytää
anteeksi;

...anteeksi...

sitä että tuhlasin
aikaasi joutaviin
sävellyksiin
jättäen
elämämme taka-alalle
pääosassaan
self-narsismi

...aikaasi yrittäen
mahduttaa sävellykseemme
omia sointujani
tulkintoja
tunteita

forte fortissimo!
    ...and play it fast
  my little gothic-girl...

pohjimmiltaan kaksi
tahtoo vain olla
onnellisia, kait

onnellisia toisistaan
ja rakastaa

...mitä onni on...

tavaroita
toiselle kodin,
toiselle kämpän
lattialla
hyllyllä
pöydällä
tasolla
kaapissa
komerossa
varastossa

löytyykö sitä
kauppojen hyllyiltä,
täyteen ladatuista
ostoskärryistä?

vai,
kuuluuko sen
tunnusmerkistöihin

kahden välinen
absoluuttinen luottamus

hyväksyminen
toisen syvintä
olemusta kohtaan?

sillä loppujen lopuksi
mehän me toisemme
valitsimme
toisemme meiksi
valjastimme
rakkauttamme rakastimme

oli siinä ajassa
hetkiä
kultaisia,

                    myönnän,

joista hehkui
toistemme vilpitön
hyväksyntä

antimuutosvastarintahaluk-
kuutta

...tällöin...

sulasta laavasta
taotut sormukset
sormissamme kuljimme

kohti rakkauden
täyttä(kö) satamaa
jonka laiturit
punaisine mattoineen
ohjasivat meitä
kohti
tyyneyden ulappaa
kirkkauden näkymätöntä
täydellisyyttä
ja täydellisyyden näkyvää
rakkautta

ja tuulivoimalat
joiden höyhenenkeveä
ilmavirta huokui

       täyttä tunnetta
       täyttä rakkautta
       täyttä meitä

puhaltaessaan
meitä kauemmas
rannasta
vasten harmonista
melodiaa

eikä myrskyjä enää tulisi
aaltoja meidän hukkua
tänään ei vielä tuule

mutta parisuhteessamme
kävi kuitenkin
niin, rakas,

(saanhan kutsua sinua
vielä rakkaaksi?)

että disinformaatioon
perustuvaa
poliittista päätöksentekoa
seurasi epäsuotuisia
päätöksiä
epäsuotuisia lopputuloksia
yleistä tyytymättömyyttä
levottomuutta ja
liikehdintää kaduilla

ja myrskyt palasivat
voimakkaampina
kuin koskaan!

ja tuulivoimalat
kaatuivat!

myrsky voimistui
ja aallot kohosivat!

  ...ja rakkauden laivamme
    alkoi keikkua...

seitsemännen aallon
tullessa laivamme
ei enää
jaksanut kellua
uppoaminen alkoi

hukutetut hukkuneet

lisäsin kiviä
reppuusi
upotaksesi nopeammin
upotaksemme
nopeammin

kiviä, muistuttamaan
kaikesta pahasta
polullamme
jota reunustanut
korea kukkavaltamerikään
ei kyennyt
kantamaan meitä
perille

kiviä, ikään kuin
vahvistamaan
käsitystä viimeisten
vuosien tapahtumista

sillä ymmärrätkö,
rakas,
tapahtumista joista
syntyy kaltoin kohdelluksi
tulleen tuntemuksia
maksetaan seuraukset,
kovatkin

eikä näissä kivissä,
repussasi, ole mitään

henkilökohtaista
ne ovat sittenkin
vain painoa
minun hukkua nopeammin,
helpommin pois
luotasi, sinusta
erottaa sinut minusta
meidät

muistojemme kivet
repussasi:

...ole hyvä ja huku!

pue yllesi koristelemani
kivipuku, uppoa
ja hukuta mukanasi
pois minusta
tämä
surullinen rakkaus

huku ja avaa
sydämeni
vastaanottamaan
elämää
sillä sitä minulta
on viety
aivan liikaa pois

asiat ovat yhä pelkkiä
asioita kuten sovittiin
ja niistä tulee
puhua asioina

...inkognito...

ei käydä nukkumaan
tässä
ennen sovintoa

niinpä tunnustan
viimeisten vuosien
väsymykseni syyn:
en ole nukkunut
en saanut sovintoa
rikkeillesi

tunnustan
valehdelleeni:
tunteitteni stabiiliudesta
syvyydestä ja
kohteesta

kaikki nämä valheet
siksi että
sain rauhan
olla yksin
kanssasi yhdessä
siinä meidän
muotoilemassa
tyhjässä ja
karussa elämässä

pari käsittelyä
helpottavaa neuvoa:

lisää yksi kivi
reppuusi jokaista
elettyä yhteistä vuottamme
uppoamaamme metriä
kohden
niin ymmärrät mitä
tarkoitan

harmaata, mustaa
ja epäselvää
kovaa ja tunteetonta
ja hiljaista
painavaa ja uppoavaa
kuollutta materiaa
sekavaa
sekavaa

pohjassa makaa

"hehkumattomat päivät
luovat näkymättömän
varjon ylleen
jonka kätköissä
kumpainenkin
suunnittelee
uutta hyökkäystä
sotasaaliinaan
pelkkää
kärsimystä, pettymystä

ja jostain kumman
syystä nämä
(epä)täydelliset
ihmiset, toistensa
rakastavaiset
jatkavat noitten
suunnitelmiensa tekemistä
täytäntöönpanoa

ja niitä
arvaillen, peläten,
odottaen
toivovat saavansa
sitä hehkuvaa laavaa
yllensä, josta heidän
sormissaan kimaltavat
alunperin taottiin"

3585 kultaista aamua
3585 ruosteista aamua
3585 kuollutta päivää
3585 elotonta kahden

polku, jota kuljettiin
umpeutunut,
pajuttunut,
eikä se niittämällä
hengitä
niittämättä kuole
olkoot niin
hyvä niin

on mennyt aamuja tässä
ikään kuin oltaisiin vielä
hyvästelemässä

hyvästelemättä pahempi
hyvästi, nyt oloni on
parempi

sekavuus on sallittua
hajanaisuus hallittua
jos kaksi oli totta, niin
kolmas tarua
niin sen nyt tähän
kirjoitan
ja päätän olla
selvittämättä

sitä kenellekään
ikinä kuuna koskaan!

täydellinen rakastaja
sanoit
täydellinen, muistan

en minäkään
koskaan kiistänyt
sinua

kaksi on
kykenevä antamaan
yhtä enemmän
kumuloituva
nautinto

ei se asia
meidän elämää
heikentänyt,
vähentänyt
yhteenkuulumisen
tunnetta

se vain oli lopuksi
se ainoa
silta
välillämme
silta kahden
epätoivoisen,

erilaisesta
aineksesta
muovatun, syntetisoidun
saavuttaa
yhteys
johonkin, rakastaa

samalla kun
mantereensa
pakenivat
vääjäämättä toisiaan
ja ekosysteeminsä
isoloituivat

välisensä kuilun
täyttyessä vedestä
salmen
syventyessä,
leventyessä ulapasta
valtamereksi

jonka
suolankatkerat
pisarat
olivatkin...
...pelkkiä
kyyneleitä
painajaisessa
josta eivät
olleet

heränneet

eivätkä
koskaan
heränneet

...hiljalleen
hiljalleen
hiljalleen...

MIKSET JO HUKU?

...hiljalleen
hiljalleen
hiljalleen...

MIKSET MENE POIS?

...hiljalleen
hiljalleen
hiljalleen...

hukutin sinut
hyvästi!

...koska rakastan sinua

...jos selviän
tästä humalasta
hengissä lupaan
tappaa itseni
aamulla
tulla kuolleeksi
lähelle sinua...

ANTEEKSI?